Josef F. Justen

Abschiedsbriefe
eines Sterbenden

Versöhnung mit der
eigenen Biografie

AF189085

*Einen langen Brief
schreibt man nur,
wenn einem nicht mehr
genug Zeit übrig bleibt,
viele kurze zu schreiben.*

Josef F. Justen

Abschiedsbriefe eines Sterbenden

Versöhnung mit der eigenen Biografie

Bibliografische Information der Deutschen Nationalbibliothek:
Die Deutsche Nationalbibliothek verzeichnet diese Publikation
in der Deutschen Nationalbibliografie; detaillierte
bibliografische Daten sind im Internet über dnb.dnb.de abrufbar.

© 2020 Justen, Josef F.

Titelfoto: »typewriter« © siala (Foto von pixabay)

Herstellung und Verlag:
BoD – Books on Demand, Norderstedt

ISBN: 9783750451896

Vorwort

Jeder Mensch, der schon sehr nahe an der Schwelle des Todes steht, der weiß, dass ihm nur noch eine kurze Zeit auf der Erde beschieden sein wird, hat eine andere Art, mit dieser Situation umzugehen.

Schließlich ist jeder Mensch ein Individuum!

In unserem Kulturkreis ist es leider immer noch sehr häufig zu beobachten, dass sich viele Sterbende recht schwertun, ihr Schicksal anzunehmen.

Die einen wollen es einfach nicht wahrhaben und verdrängen es so lange, bis sie es nicht mehr ignorieren können.

Anderen scheint es wichtig zu sein, ihre restliche Lebenszeit so normal wie möglich zu verbringen und verfahren nach dem Motto »Business as usual«.

Es gibt allerdings auch einige, die ihr Schicksal akzeptieren und die verbleibende Zeit nutzen, um auf unerledigte Aufgaben zu schauen und diese zu erfüllen versuchen, sofern es noch möglich ist.

Wie jemand, der noch bei klarem Bewusstsein und weitestgehend handlungsfähig ist, seine letzten Lebenswochen und -monate gestaltet, hängt natürlich von dessen Mentalität ab.

Es ist aber ganz wesentlich auch eine Frage seiner spirituellen Gesinnung.

Der 78-jährige Johann Tollmann weiß, dass sein Krebsleiden nicht mehr heilbar ist und dass er in Kürze die Pforte des Todes durchschreiten wird.

Da er sich in seinem Leben viel mit spirituellen Themen befasst hat, macht ihm das keine Angst.

Ihm ist bekannt, dass es für sein nachtodliches Leben von großer Bedeutung ist, noch vor dem Übergang mit sich und seinen Mitmenschen ins Reine zu kommen.

Jetzt hat er viel Zeit, um sein gesamtes Leben noch einmal Revue passieren zu lassen.

Dabei taucht in seiner Erinnerung vieles auf, das in seinem Leben nicht so gut gelaufen ist. Auch kommen ihm etliche Situationen in den Sinn, in denen er sich falsch oder zumindest unangemessen verhalten hat.

Durch einen solchen schonungslosen und objektiven Rückblick auf sein Erdenleben wird seine Fähigkeit zur Selbsterkenntnis erhöht, was für sein Leben nach dem Tod von großer Bedeutung ist.

Bei dieser Betrachtung und Bewertung seines Lebens erinnert sich Johann Tollmann auch an viele Menschen, denen gegenüber er sich noch in einer gewissen Schuld wähnt.

All diesen schreibt er nun einen Brief, in dem er die Gründe für sein damaliges Fehlverhalten zu erklären versucht und in dem er sich insbesondere dafür entschuldigt und um Verzeihung bittet.

Darüber hinaus kommen ihm jetzt auch viele seiner Weggefährten in den Sinn, denen er zu großem Dank verpflichtet ist. Ihm wird klar, dass er vieles immer als selbstverständlich aufgefasst und es stets versäumt hatte, ihnen Dank zu sagen.

Auch diesen Menschen schreibt er jetzt einen Brief, in dem er das Versäumte nachholt.

Durch diese Briefe kann sich dem Leser die Biografie ihres Schreibers enthüllen.

Gute Briefe sind wie gute Freunde.
Sie dürfen es heute eilig haben,
aber sie müssen sich morgen Zeit nehmen.

Oscar Wilde

27. Februar 2019

Mein lieber Sohn,

ich habe mich über deinen Besuch vor sechs Wochen sehr gefreut.

Ich genieße es immer, mit dir beieinander zu sein, was leider nur recht selten möglich ist, da du am anderen Ende der Welt lebst und beruflich so sehr eingespannt bist.

Vielleicht ist es dir aufgefallen, dass ich deine Frage, wie es mir gehe, etwas ausweichend beantwortet habe.

Das möchte ich mit diesem Brief ändern. Nun sollst du genau erfahren, wie es mir geht.

Leider muss ich dir mitteilen, dass meine Krankheit, mit der ich ja schon einige Jahre zu leben gelernt habe, nun doch in ein Stadium eingetreten ist, das man fast schon als Endstadium bezeichnen kann.

Nach Meinung meines sehr geschätzten Hausarztes, Herrn Dr. Brockschnieder, den du ja auch von früher gut kennst, ist es wohl nur noch eine Frage von Monaten, die mir in dieser Welt beschieden sein werden.

Zwei Spezialisten, die ich in den letzten Wochen konsultiert habe, konnten Herrn Brockschnieders Einschätzung nur bestätigen.

Dr. Brockschnieder meinte im Übrigen, dass ich wohl schon längst gestorben wäre, wenn ich mich nicht in den letzten Jahren vegetarisch und auch sonst sehr gesund ernährt und insbesondere wenn ich nicht bis ins hohe Alter so viel Sport betrieben hätte.

Ich fürchte, dass du jetzt ziemlich enttäuscht und womöglich sogar verärgert sein könntest, dass ich dir das neulich nicht persönlich – sozusagen von »face to face« – gesagt habe.

Ich habe mich für diesen Weg entschieden, weil ich, wenn ich mich schriftlich an jemanden wende, meine Gedanken besser sortieren und ordnen kann. So fällt es mir auch leichter, die Worte mit Bedacht zu wählen und Emotionen außen vor zu lassen.

Ich bitte dich um Verständnis!

In den nächsten Tagen – vielleicht auch Wochen – werde ich vielen Menschen einen Brief schreiben, auch deiner Schwester, die immer noch nicht viel von mir wissen will, meiner ersten Ehefrau, also eurer Mutter, und vielen weiteren Persönlichkeiten, die du zu einem großen Teil gar nicht kennst.

Jetzt, da mein Erdenleben sich dem Ende entgegenneigt, habe ich viel Zeit, über mein Leben nachzudenken. Mir fallen jetzt wieder unfassbar viele Details ein, die ich eigentlich schon vergessen zu haben glaubte.

Ich weiß und respektiere, dass du meine spirituellen Ansichten nicht in allen Punkten teilst.

Nach meiner festen Überzeugung werden wir alle nach unserem Tod in der geistigen Welt Rechenschaft über unser Leben ablegen müssen. Da kann es nur förderlich sein, wenn ich schon jetzt damit beginne, einen Blick auf alles zu werfen, was ich falsch gemacht oder zu tun versäumt habe.

Außerdem werde ich in der geistigen Welt – und gewiss auch im nächsten Erdenleben – alle Menschen, mit denen ich im jetzigen Leben verbunden war, wiedertreffen. Somit dürfte es ratsam sein, jetzt noch ein paar Dinge zu regeln und klarzustellen.

Dieser Rückblick hielt einige Überraschungen für mich bereit. Es gibt in der Tat eine ganze Reihe von Menschen, in deren Schuld ich in gewisser Weise noch stehe – zumindest moralisch. Ihnen werde ich versuchen, meine damaligen Motive verständlich zu machen, und ich werde sie um Verzeihung bitten.

Daher werde ich mich seit langer Zeit auch wieder mal an deine Schwester wenden. Wie du mir erzählt hast, steht ihr beide ja noch in regem Austausch. Ich überlasse es dir, ob du ihr im Vorfeld schon von meinem bevorstehenden Tod berichten möchtest.

Dann gibt es ein paar Persönlichkeiten, bei denen es mir ein tiefes Anliegen ist, mich bei ihnen zu bedanken.

Zu diesen gehörst auch du, mein lieber Junge.

Du warst – selbst in jungen Jahren – immer ein Mensch, auf den man sich in jeder Hinsicht verlassen konnte. Du hast stets zielstrebig deinen Weg verfolgt, auch wenn ich anfangs die eine oder andere deiner Entscheidungen nicht ganz nachvollziehen konnte. Im Nachhinein ist mir absolut klar geworden, dass du alles richtig gemacht hast. In manchen Fällen war es klug, dass du meine Ratschläge nicht befolgt hast. Wie du sicherlich noch in lebhafter Erinnerung haben dürftest, habe ich damals alles unternommen, um dich mit fadenscheinigen Argumenten davon abzubringen, den Job in Australien anzunehmen.

Wie mir etwas später klar wurde, lag das Motiv für meine Einflussnahme in meiner Angst begründet, dass du dann so weit von mir entfernt wohnen würdest – so weit wie es weiter ja gar nicht geht –, so dass wir uns dann nur noch höchst selten sehen könnten.

Ich möchte dir von Herzen für alles danken. Besonders dankbar bin ich dir, dass du mich auch noch häufig besucht hast, nachdem du nach Australien gezogen bist. Auch weiß ich es sehr zu schätzen, dass du mir nie die alleinige Schuld dafür gegeben hast, dass deine Mutter und ich uns scheiden ließen.

Ich möchte dir versichern, dass du dir um mich keine Sorgen machen musst. Laut Herrn Dr. Brockschnieder ist es möglich, dass ich bis zum letzten Atemzug bei klarem Bewusstsein sein werde und dass ich keine starken Schmerzen ertragen muss. Möglicherweise werde ich kein klassischer Pflegefall.

Da es mir aber schon jetzt schwer fällt, meinen alltäglichen Pflichten nachzukommen, habe ich vor vier Wochen eine sehr sympathische junge Polin, die recht gut Deutsch spricht, engagiert. Sie – ihr Name ist übrigens Dana – nimmt mir sämtliche Hausarbeiten ab. Ich habe sie in meinem Haus, das ja groß genug ist, einquartiert. Sie bewohnt hier die kleine Wohnung im Dachgeschoss. Da sie eine medizinische Ausbildung genossen hat, kann sie mir auch in dieser Hinsicht wertvolle Hilfe angedeihen lassen.

Ohne sie wäre ich jetzt recht aufgeschmissen.

Übrigens, auch Dr. Brockschnieder kümmert sich sehr um mich. Er schaut alle paar Tage bei mir vorbei.

Es ist mir ein wichtiges Bedürfnis, alles, was meinen Tod, mein Begräbnis und mein Vermächtnis anbelangt, im Vorfeld selbst zu regeln. Ihr müsst euch also um nichts kümmern.

In den nächsten Tagen werde ich mich an das hiesige Bestattungsunternehmen Schlebusch wenden und meine Wünsche äußern bzw. konkrete Vorgaben machen.

Nur so viel sei jetzt gesagt: Ich wünsche eine Feuerbestattung und möchte, dass die Urne in das Erdgrab meiner zweiten Frau kommt. Dass ich keine kirchliche Beerdigung wünsche, wird dich gewiss nicht verwundern oder gar stören.

Mein Testament werde ich in den nächsten Tagen von einem Notar aufsetzen lassen.

Ich bin mir ganz sicher, dass du es verstehen wirst, wenn ich deiner Schwester einen etwas größeren Teil des Vermögens und der Wertsachen vermache als dir. Wie du besser weißt als ich, hat sie es ungleich nötiger als du.

Ein kleiner Teil des Geldes geht an eine soziale Einrichtung, ein anderer an Dana. Dana erhält darüber hinaus ein Wohnrecht für die kleine Dachgeschosswohnung auf Lebzeit. Solltet ihr das Haus verkaufen wollen und der neue Besitzer keine Untermieterin akzeptieren, so ist sie mit einer bestimmten Geldsumme abzufinden.

Auch wenn es mir nach all den Jahren immer noch sehr schwer fällt, darüber zu reden, muss ich dir abschließend noch etwas beichten. Ich glaube, mir fehlt selbst heute noch der Mut, es dir ins Gesicht zu sagen.

Ich falle gleich mit der Tür ins Haus.

Also, du hast einen 25-jährigen Halbbruder! Ja, du hast richtig gelesen. Er heißt Jens Gutknecht und studiert in Mainz Sportwissenschaften.

Ich hatte seinerzeit ein Verhältnis mit einer jungen Programmiererin aus meiner Firma. Diese Beziehung dauerte zwar nicht lange, aber lange genug, um einen neuen Erdenbürger hervorzubringen. Deine Mutter weiß bis zum heutigen Tage nichts davon, wenngleich sie vermutlich geahnt hat, dass ich ihr nicht immer treu war.

Ich habe Jens seit über zwanzig Jahren nicht mehr gesehen. Lediglich in seinen ersten drei, vier Lebensjahren habe ich seine Mutter und ihn einige Male besucht. Als seine Mutter dann heiratete, wollte ich mich nicht mehr in die junge Familie einmischen.

Du darfst mir glauben, dass ich alles andere als stolz darauf bin. Insbesondere belastet es mich noch heute, dass ich mich nie zu meinem Sohn bekannt habe. Lediglich die Alimente habe ich regelmäßig gezahlt – in den ersten Jahren sogar deutlich mehr als von Amts wegen gefordert wurde. Ich hoffe auf dein Verständnis, dass ich auch ihn in meinem Testament bedenken werde.

So, mein lieber Sohn, das war es, was ich dir mitteilen wollte, was ich dir mitteilen *musste*.

Ich hoffe, du bist nicht allzu traurig oder gar schockiert. Es wäre ein Traum, wenn es dir möglich wäre, mich noch einmal zu besuchen.

Du kannst dir im Übrigen ganz sicher sein, dass ich keine Angst vor dem Tod habe. Ich bin davon überzeugt, dass es nach dem Tod weitergeht und dass ich dann meine Eltern, meine Frau und viele andere, die mir vorausgegangen sind, wiedersehen werde.

Darauf freue ich mich schon sehr!

Auch wir werden uns eines fernen Tages in der geistigen Welt – und vermutlich auch in weiteren Erdenleben – wiedertreffen.

Es grüßt dich in tiefer Liebe

Dein Vater

PS
Dana wird sich bei dir melden, wenn es soweit ist.

Liebe Hanne,

ich wünsche dir alles, alles Gute zu deinem 40. Geburtstag.

Sicherlich wirst du sehr überrascht sein, dass ich dir seit langer Zeit mal wieder zum Geburtstag gratuliere, dass ich mich überhaupt seit vielen Jahren an dich wende.

Vielleicht denkst du – falls du meinen Brief überhaupt lesen solltest –, dass ich dir gratuliere, weil du einen runden Geburtstag feierst.

Nein, das ist nicht der Grund. Normalerweise hätte ich dir – um ganz ehrlich zu sein – gar nicht geschrieben, wenn es nicht einen ganz anderen, viel gewichtigeren Grund gäbe.

Ich gehe davon aus, dass Fritz dich schon darüber informiert hat, dass es mit mir langsam aber sicher zu Ende geht. Es liegt mir fern, dich mit Details zu behelligen oder gar an dein Mitgefühl zu appellieren, zumal dich meine Lage vermutlich ohnehin nicht sonderlich interessieren dürfte.

Falls du meinen Brief überhaupt bis hierhin gelesen haben solltest, wirst du dich vielleicht fragen, warum ich dir dann eigentlich schreibe.

Nun, das ist ganz einfach. Jetzt, da ich an der Schwelle des Todes stehe, habe ich viel Zeit, über mein Leben nachzudenken. Da kommen die Erinnerungen an viele Stationen meines Lebens hoch, in denen ich mich nicht gerade vorbildlich verhalten habe. Insbesondere bereue ich es ungemein, dass es mir in den letzten Jahren nicht gelungen ist, ein besseres Verhältnis zu dir zu pflegen.

Mit großer Freude erinnere ich mich an die Zeit, in der du noch Kind oder Jugendliche warst. Welch tolles Verhältnis hatten wir damals! Du hast es immer genauso genossen wie ich, wenn wir gemeinsam etwas unternommen haben. Ich denke da insbesondere an unsere vielen Radtouren und Bergwanderungen. Ja, du warst wirklich ein ganz aufgewecktes und reizendes Mädchen.

Ich weiß, du konntest es mir nie verzeihen, dass ich mich von eurer Mutter scheiden ließ. Du gabst mir die Schuld daran. Vermutlich siehst du das heute noch genauso.
Heute bist du aber alt genug, um wissen zu können, dass immer *zwei* dazugehören, wenn eine Ehe scheitert. Ich will mein damaliges Verhalten gar nicht schönreden. Gewiss habe ich deine Mutter oftmals vernachlässigt. Auch war ich ihr nicht immer treu. Das hat sie aber gar nicht einmal so sehr belastet.

Es war vielmehr so, dass wir uns in vielerlei Hinsicht auseinandergelebt haben. Das, was ihr wichtig war, war mir nicht wichtig und umgekehrt. Erschwerend hinzu kam, dass ich in meinem Job als Leiter der IT-Abteilung viel Stress hatte und zudem noch viel zu viel Zeit in meinen – aus heutiger Sicht absurden – Wunsch, eine kommunal-politische Karriere anzustreben, investierte. Auch die dauernden Streitigkeiten mit unserem Nachbarn haben mich viel Kraft gekostet. Mich hat die ganze Situation auch sehr belastet. Als Fritz und du aus dem Gröbsten raus waren, erschien mir eine Scheidung als einzig richtige Konsequenz.

Von diesem Tage an verschlechterte sich unsere Beziehung zusehends.

Aber ich glaube, dass ich dem Ganzen dadurch die Krone aufgesetzt habe, dass ich deinen Mann, den du einige Jahre später geheiratet hast, nicht akzeptieren konnte.

Glaube mir, ich habe mich immer bemüht, das Gute in ihm zu sehen. Es ist mir aber leider nie gelungen, was gewiss mein Fehler war. Ich hielt ihn für einen Faulpelz und einen Hallodri. Auch wenn meine damalige Einschätzung nicht völlig aus der Luft gegriffen war, so stand mir eine solche Bewertung nicht zu. Du warst ein vernunftbegabter erwachsener Mensch, und es war deine Entscheidung, dein Leben mit ihm zu teilen. Es tut mir sehr leid, dass ich so intolerant war und damit unser Verhältnis völlig verdorben habe!

Wie ich von Fritz weiß, kommst du ja nach wie vor mit deinem Gatten gut aus, so dass es sicher eine richtige Entscheidung war, ihn zu ehelichen. Vermutlich war ich damals nur eifersüchtig, dass mir ein Mann meine Tochter wegnimmt.

Glaube mir, meine liebe Tochter, ich bedauere es unsäglich, dass ich durch meine Ablehnung deinem Mann gegenüber und durch meine Sturheit die Ursache für unser schlechtes Verhältnis geschaffen habe.

Ich wünschte, ich könnte es wiedergutmachen.

Liebe Hanne, es wäre wundervoll, wenn du dich aufraffen könntest, mich noch einmal zu besuchen. Es sind ja nur knapp drei Autostunden für dich. Wie gern würde ich dich noch einmal in meine Arme nehmen und dir persönlich sagen, dass ich dich liebe!

Aber fühle dich bitte zu nichts gedrängt. Ich könnte es verstehen, wenn du dich nicht überwinden könntest, mich noch einmal aufzusuchen.

Es grüßt dich und deinen Mann ganz herzlich

Dein Vater

Auf den Knien schreibe ich an dich,
das Papier benetze ich mit meinen Tränen.

Jean-Jacques Rousseau

4. März 2019

Liebe Ursula,

als ich gerade damit begann, dir diesen Brief zu schreiben, musste ich mit einem gewissen Schmunzeln daran denken, wie viele Liebesbriefe wir uns nach unserem Kennenlernen Anfang der 1970er Jahre geschrieben haben. Ich habe deine Briefe bis zum heutigen Tage aufgehoben. Sie befinden sich in einer Schachtel auf dem Speicher.

Soweit ich mich erinnere, habe ich dann, nachdem wir geheiratet hatten, nie wieder einen Brief an dich gerichtet.

Also muss es wohl einen besonderen Grund geben, dass ich mich jetzt wieder auf diesem Wege an dich wende.

Als wir uns im Sommer des letzten Jahres getroffen haben, habe ich dir ja von meiner Krebserkrankung erzählt. Da hatte es noch den Anschein, als könnte ich den Krebs besiegen. Nun aber steht fest, dass das nicht mehr möglich ist. Aller Wahrscheinlichkeit nach werde ich meinen 79. Geburtstag nicht mehr erleben.

Damit habe ich mich abgefunden. Es ist für mich in Ordnung.

Ich möchte jetzt gar nicht auf nähere medizinische oder sonstige Details eingehen. Mir ist es in diesen Tagen wichtig, mit einigen meiner Mitmenschen ins Reine zu kommen.

Auch wenn wir uns trotz unserer Scheidung nach wie vor ganz gut verstanden und auch noch recht häufig gesehen haben, so muss ich dir doch noch einiges mitteilen.

Zunächst ist es mir ein Bedürfnis, dir für die schönen gemeinsamen Jahre, die wir haben durften, zu danken. Zumindest unsere ersten zehn, fünfzehn Ehejahre waren doch sehr glücklich. Auf unsere beiden Kinder dürfen wir mit Recht stolz sein.

Leider waren die letzten Jahre unserer Ehe nicht mehr so harmonisch, weil wir uns in eine jeweils andere Richtung entwickelt hatten. Ich konnte kein großes Interesse für das aufbringen, was du für wichtig hieltst, und umgekehrt war es nicht viel anders.

Hinzu kam, dass ich durch meinen Job und meine politischen Ambitionen viel zu wenig Zeit für meine Familie erübrigen konnte.

Es war sehr wohltuend, dass wir uns dann einvernehmlich scheiden ließen, ohne dass es zu einem Rosenkrieg kam, wie wir ihn in unserem Bekanntenkreis so häufig erleben mussten.

Ich freute mich sehr, als du kurze Zeit später deinen Günter gefunden und schließlich geheiratet hast, mit dem du ja heute noch glücklich bist.

Auch du hast dich für mich gefreut, als ich Erika zur Frau nahm, die leider viel zu früh gestorben ist.

Nun muss ich dir aber noch etwas beichten, was mir nicht ganz leicht fällt. Möglicherweise wäre es für dich sogar besser, wenn du es nie erfahren hättest.

Aber es lastet mir zu sehr auf der Seele.

Also, dass ich dir in unseren letzten Ehejahren nicht immer so ganz treu war, weißt du ja. Ich hatte allerdings im Grunde nie das, was man eine Affäre nennen könnte – von einer Ausnahme abgesehen.

Du erinnerst dich vielleicht noch flüchtig an Lisa Gutknecht, die seinerzeit als junge Programmiererin in meiner Abteilung beschäftigt war. Auf einem Betriebsausflug im Sommer 1993 sind wir uns näher gekommen. Es entwickelte sich daraus eine kurze, aber leidenschaftliche Beziehung.

Und – halte dich bitte fest – diese Beziehung blieb nicht ohne Folgen. Neun Monate später brachte Lisa einen Knaben zur Welt. Ich war sein Vater.

Als sie mir offenbarte, dass sie schwanger war, war unsere kurze Affäre eigentlich schon beendet. Ich war völlig verzweifelt.

Es wäre sowohl meiner beruflichen Stellung als auch meiner politischen Laufbahn sehr abträglich gewesen, wenn publik geworden wäre, dass ich eine fast 30 Jahre jüngere Frau geschwängert habe, die zudem noch meine Untergebene war. Natürlich fürchtete ich auch, dir wehzutun sowie das Getratsche in meinem privaten Umfeld.

Lisa zur Frau zu nehmen, war nie eine Option. Außer ihrer jugendlichen Schönheit und ihrer erotischen Ausstrahlung hatte sie nichts zu bieten, was mich angezogen hätte. Dankenswerterweise hat sie mir gegenüber nie Forderungen gestellt.

Zu meiner Schande muss ich gestehen, dass ich mich um ihren Sohn – er heißt übrigens Jens – nie wirklich gekümmert habe. Lediglich in den ersten Jahren habe ich die beiden das eine oder andere Mal besucht. Natürlich bin ich regelmäßig meinen Unterhaltsverpflichtungen nachgekommen. Da *ich* es immer war, der unsere Finanzen verwaltet hat, hast du nie etwas von diesen Zahlungen mitbekommen.

Lisa hat dann übrigens ein paar Jahre später einen netten jungen Mann gefunden, mit dem sie – soweit ich informiert bin – heute glücklich verheiratet ist.

Fritz habe ich kürzlich mitgeteilt, dass er einen Halbbruder hat. Vermutlich ist er genauso aus allen Wolken gefallen wie du jetzt. In meinem Brief an Hanne habe ich es nicht erwähnt. Ich überlasse es dir bzw. Fritz, ob ihr es ihr berichten wollt.

Ja, liebe Ursula, es ist mir nicht leicht gefallen, dir das zu offenbaren. Aber ich bin froh, dass es jetzt raus ist!

So wie ich dich kenne, wirst du es dir nicht nehmen lassen, mich noch einmal auf meinem Krankenlager aufzusuchen. Es wäre mir eine sehr große Freude! Aber fühle dich zu nichts verpflichtet.

Ich wünsche dir und deinem Günter von Herzen noch ein paar schöne Jahre und alles Gute!

Dein

Johann

7. März 2019

Sehr geehrter Herr Schlebusch,

Sie werden sich vielleicht noch an mich erinnern, da sie vor zehn Jahren die Beerdigung meiner Frau Erika organisiert haben.

Ich möchte es hier und heute ganz kurz machen:
Nach ärztlicher Einschätzung werde ich in ein paar Monaten Ihr Kunde werden, wenn ich das einmal so formulieren darf.

Ich wünsche, dass Ihr Unternehmen meine Bestattung organisiert und durchführt.

In den nächsten Tagen werde ich bei Ihnen vorbeischauen, damit wir alles in Ruhe und im Detail klären können. Die wesentlichen Punkte möchte ich aber schon in diesem Brief formulieren, damit Sie die Möglichkeit haben, sich auf unser persönliches Gespräch vorzubereiten.

1.

Ich wünsche eine Feuerbestattung. Die Urne soll im Erdgrab meiner vor zehn Jahren verstorbenen Frau Erika Tollmann auf dem hiesigen Friedhof (Grabstellen-Nr. 2178) beigesetzt werden.

2.

Als Sarg kommt nur ein einfacher preisgünstiger aus Fichtenholz in Frage. Es geht mir eigentlich nicht ums Geld. Aber ich halte es für Geldverschwendung, für einen Sarg, der nach drei Tagen verbrannt oder in der Erde verbuddelt wird, ein paar Tausend Euro auszugeben. Das so gesparte Geld stifte ich lieber für einen wohltätigen Zweck.

Das Gleiche gilt für die Urne. Auch sie muss nicht wertvoll, aber biologisch abbaubar sein.

3.

Die Trauerfeier kann wie üblich – also etwa drei Tage nach meinem Tod – in der Aussegnungshalle des Friedhofs stattfinden. Ich wünsche *keine* kirchliche Abschiedsfeier!

Ich bitte Sie, einen Grabredner zu beauftragen, der meine Biografie vorträgt. Den Text bzw. die Eckdaten werde ich Ihnen in den nächsten Tagen zukommen lassen.

Dann wünsche ich, dass der Beatles-Song »Let it be« vom Band gespielt wird.

Am Ende soll das Vaterunser gesprochen werden.

Ich werde – wie gesagt – in den nächsten Tagen bei Ihnen vorbeischauen.

Viele Grüße

Johann Tollmann

8. März 2019

Sehr geschätzter Herr Dr. Brockschnieder,

ich sehe sie gewissermaßen vor mir, wenn Sie diesen Brief öffnen. »Was will dieser Mann denn jetzt von mir, wo ich ihn doch regelmäßig sehe und er mir dann immer alles sagen kann, was ihm auf dem Herzen liegt?«, werden Sie vermutlich denken.

Nun, es gibt einige Dinge, bei denen es mir recht schwerfällt, diese einem anderen Menschen persönlich zu sagen. Da scheint mir dieser Weg der passendere zu sein.

Ja, was sind das für Dinge, die ich Ihnen in diesem Brief sagen möchte?

Es ist mir ein Herzensbedürfnis, Ihnen einmal ein ganz großes Dankeschön zu sagen, ein Dankeschön für so vieles, was sie in den letzten Jahrzehnten für meine Familie und für mich geleistet haben!

Sie sind seit ewigen Zeiten unser Hausarzt, ein Hausarzt bester alter Schule, wie es ihn heute nur noch ganz selten gibt, ein Hausarzt der noch selbst viele Krankheiten zu heilen versteht, ohne seine Patienten für jede Kleinigkeit an einen Facharzt überweisen zu müssen.

Sie waren für uns immer da, wenn wir Sie brauchten, auch an Sonn- und Feiertagen. Wie oft haben Sie bei uns einen Hausbesuch gemacht, wenn eines meiner Kinder oder meine erste Frau darniederlagen. Auch das lächerliche Honorar, das Ihnen die Kassen zahlten, hat Sie nie davon abgehalten, Ihren ärztlichen Eid ernst zu nehmen. Sie waren stets zur Stelle und wussten immer Rat.

Besonders beeindruckend war Ihr Engagement, als es mit meiner zweiten Frau zu Ende ging. Dank Ihres Einsatzes konnte sie ihre letzte Lebensphase ohne nennenswerte Schmerzen oder sonstige Einschränkungen recht gut ertragen.

Nie vergessen werde ich Ihnen, wie sehr sie mich seinerzeit unterstützt haben, als ich psychisch völlig am Boden war, nachdem ich ein kleines Mädchen mit dem Auto totgefahren hatte.

Ich jedoch war für Sie ganz gewiss nicht immer ein einfacher, geduldiger und angenehmer Patient! Das ist mir im Grunde erst in den letzten Tagen, in denen ich im Angesicht meines Todes, dem ich mit großer Gelassenheit und einer gewissen Vorfreude entgegensehe, so richtig bewusst geworden.

Wie oft habe ich Ihre Diagnosen und Ratschläge in Frage gestellt und völlig unnötigerweise nochmals einen anderen Arzt konsultiert, was eigentlich nie etwas gebracht hat. Selbst kürzlich habe ich noch zwei Ihrer Kollegen aufgesucht, deren Meinung ich hören wollte. Beide haben Ihre Prognose bestätigt.

Wie oft habe ich Sie in früheren Zeiten dafür heftig kritisiert, dass Sie mir meistens pflanzliche oder homöopathische Medikamente verordnet haben, weil es mir lieber gewesen wäre, meine Beschwerden durch Verabreichung chemischer Keulen schneller loszuwerden. Natürlich weiß ich heute, dass Ihre Medikation immer goldrichtig war.

Wie oft habe ich in Ihrem Sprechzimmer geschimpft, wenn ich einmal recht lange im Wartezimmer warten musste.

Ja, ich habe mich oftmals ganz unmöglich verhalten. Und dafür möchte ich Sie um Verzeihung bitten.

Lieber Herr Brockschnieder, ich kann und will nur noch einmal ganz deutlich sagen, dass Sie ein phantastischer Arzt sind und dass ich Sie über alle Maßen schätze!

Ich wünsche Ihnen und Ihren Patienten, dass Sie Ihren Beruf noch ein paar Jahre ausüben können und wollen. Wenn Sie eines Tages die Praxis einem jüngeren Kollegen übergeben müssen, tritt dieser in extrem große Fußstapfen!

Nochmals vielen herzlichen Dank für alles!

Wir sehen uns ja in ein paar Tagen.

Bis dahin

Herzliche Grüße

Ihr dankbarer Patient

Johann Tollmann

10. März 2019

Liebe Lisa,

wie lange ist es her, dass du von mir das letzte Mal gehört hast? Ich denke, dass seit unserem letzten Kontakt gut und gerne 15 Jahre ins Land gezogen sind.

Vielleicht steht es mir nicht zu, mich noch einmal in dein Leben einzuschalten. Aber es ist mir ein großes Bedürfnis!

Ohne dich mit Einzelheiten belästigen zu wollen, möchte ich dich nur kurz wissen lassen, dass es mit meinem Leben zu Ende geht.

Während ich mich nun so gut es geht auf meinen Tod vorbereite, gehen mir viele Dinge durch den Kopf, auch Dinge, die nicht sehr erfreulich sind und auf die ich gewiss nicht stolz bin.

Zunächst einmal denke ich mit Freude an unsere kurze, aber höchst leidenschaftliche Affäre. Ich glaube, wir haben beide diese wenigen Wochen sehr genossen, obwohl uns klar war, dass es nie zu einem »Happy End« kommen dürfte.

Es hat meinem Ego unglaublich geschmeichelt, dass eine so junge und überaus attraktive Dame etwas von mir, der die Mitte seines Lebens längst überschritten hatte, wissen wollte.

Dann aber kam der denkwürdige Tag, an dem du mir offenbart hast, von mir schwanger zu sein! Es tut mir heute unendlich leid, wie ich darauf reagiert habe!

Erst machte ich dir den völlig aus der Luft gegriffenen Vorwurf, dass du absichtlich von mir schwanger werden wolltest.

Dann forderte ich dich sogar auf, das Kind wegmachen zu lassen. Ohne mein schlimmes Verhalten auch nur ein wenig schönreden zu wollen, möchte ich versuchen, dir meine Motive verständlich zu machen.

Zum einen wollte ich meiner Frau nicht wehtun und meine Ehe nicht aufs Spiel setzen. Zum anderen hatte ich panische Angst davor, meine berufliche und vor allem meine politische Karriere zu gefährden, wenn publik würde, dass ich ein uneheliches Kind mit einer jungen Untergebenen in die Welt gesetzt habe.

Das wäre für die Lokalpresse ein gefundenes Fressen gewesen!

Aus diesen Gründen habe ich dann Jens auch nie offiziell als meinen Sohn anerkannt, wenngleich ich meinen Zahlungsverpflichtungen immer nachgekommen bin. Aber das weißt du ja.

Liebe Lisa, ich bin dir gegenüber voll des Dankes, dass du mich seinerzeit nie unter Druck gesetzt und mein Verhalten letztlich toleriert hast, was dir gewiss nicht leicht gefallen sein dürfte.

Ich habe mich sehr für dich gefreut, dass du dann ein paar Jahre später mit deinem Dieter dein Glück gefunden hast.

Noch mehr als dir gegenüber fühle ich mich in der Schuld unseres Sohnes. Lediglich in seinen ersten Lebensjahren habe ich euch noch manchmal aufgesucht. Jens war ein prächtiges Bürschchen, ganz die Mama!

Dann habe ich ihn gewissermaßen aus meinem Gedächtnis gestrichen. Um mein schlechtes Gewissen zu beruhigen, habe ich den Betrag meiner monatlichen Zahlungen deutlich erhöht.

Natürlich ist mir – zumindest heute – absolut klar, dass man mit Geld nicht das kompensieren kann, was man an Hinwendung und Zuneigung schuldig ist.

Übrigens, vermutlich kennst du meinen Sportskameraden Peter Stübner, der ja ein Arbeitskollege deines Mannes ist. Ihm habe ich mal erzählt, dass ich dich von früher sehr gut kenne. Er hat mich in den letzten Jahren immer auf dem Laufenden gehalten. Daher weiß ich auch, dass du mit Dieter recht glücklich verheiratet bist, dass ihr noch zwei gemeinsame Kinder bekommen habt und dass Jens in Mainz studiert.

Ich ringe seit Tagen mit mir, ob ich Jens einen Brief schreiben soll, in dem ich ihm einiges erklären und ihn um Verzeihung bitten könnte.

Ich weiß weder, ob du ihm erzählt hast, wer sein Vater ist, noch ob es eine gute Idee ist, in den Wunden der Vergangenheit zu wühlen.

Liebe Lisa, solltest du der Meinung sein, dass ich Jens in Ruhe lassen soll, so teile mir das bitte kurz – der Einfachheit wegen per E-Mail – mit.

Sollte ich in den nächsten vier Wochen nichts von dir hören, bin ich so frei, es als dein Einverständnis zu werten, mich an Jens wenden zu dürfen.

Abschließend möchte ich dir noch einmal von Herzen für unsere gemeinsame Zeit und insbesondere für dein Verständnis, das du mir gegenüber immer aufgebracht hast, danken!

Ich wünsche dir und deiner Familie alles Liebe und Gute!

Dein

Johann Tollmann

Es ist eine Kunst für sich, einen Brief
zur rechten Zeit ankommen zu lassen.
Man vergisst ihrer gewöhnlich.
Und doch – wie oft ein intimes, beschauliches
Gespräch am Morgen keine Hörer fände,
so mutet uns ein Brief morgens
und abends anders an.

Christian Morgenstern

14. März 2019

Lieber Klaus, lieber Genosse,

du wirst sicherlich höchst verwundert sein, nach all den Jahren wieder von mir zu hören – und dann noch in Form eines Briefes. Ich glaube, dass wir noch nie auf diesem Wege kommuniziert haben.

Ich bin jetzt in einer Situation, in der ich viel Zeit habe, noch einmal gründlich über mein Leben und die Menschen, mit denen ich zu tun hatte, nachzudenken.

In diesem Zuge erinnere ich mich an viele erfreuliche, aber auch an einige höchst unangenehme, ja schmerzliche Erlebnisse.

Jahrelang waren wir beiden in unserer politischen Arbeit unzertrennlich. Viele Dinge haben wir im Gemeinderat gemeinsam auf den Weg gebracht. Auch menschlich sind wir uns in dieser Zeit sehr nahe gekommen. Es entwickelte sich fast so etwas wie eine Freundschaft.

Ich denke, du siehst das heute auch so, dass unser Verhältnis sich in zunehmendem Maße abzukühlen begann, als wir uns beide auf die Kandidatenliste für die Bürgermeisterwahl im Jahre 1998 setzen ließen. Beide hatten wir den großen Ehrgeiz, diese Wahl zu gewinnen.

Aus Freunden wurden politische Konkurrenten, was in Anbetracht der Situation ja durchaus verständlich und keineswegs schändlich ist!

Das Wort »Wahl*kampf*« macht ja deutlich, dass man nicht gerade ›Arm in Arm‹ auf Wahlveranstaltungen geht.

Aber es ist immer die Frage, mit welchen Mitteln man versucht, Stimmen zu gewinnen!

Ich weiß nicht, ob es mir immer zur Gänze gelungen ist, mit fairen Mitteln zu kämpfen. Aber es war stets mein Bestreben. Jedenfalls habe ich dich niemals persönlich beleidigt oder gar diffamiert.

Da warst du nicht so zimperlich! Immerhin bliebst du mit deiner Kritik mir gegenüber lange Zeit *halbwegs* sachlich und immer *über* der Gürtellinie.

Dann aber hast du den Bogen extrem überspannt!

Nachdem ich den tragischen Autounfall, durch den ein kleines Mädchen starb, verursacht hatte, hast du die ganz große Keule ausgepackt.

Ein mit dir befreundeter Journalist hat auf deine Veranlassung hin einen Artikel in der lokalen Presse geschrieben, in dem er mich als »gewissenloser Todesfahrer« diffamierte. Spätestens dadurch war ich als potentieller Bürgermeister nicht mehr tragbar. Da nutzte es auch nichts mehr, dass ein paar Tage später eine von mir geforderte Gegendarstellung gedruckt wurde.

Wenn du gewusst hättest, dass ich einen unehelichen Sohn in die Welt gesetzt hatte, hättest du das vermutlich auch noch ausgeschlachtet.

Ich war damals unfassbar enttäuscht von dir. Ich war so wütend, dass ich dir sogleich meine Freundschaft aufkündigte und mit dir nie wieder etwas zu tun haben wollte.

Heute bin ich froh, dass ich nicht zum Bürgermeister gewählt wurde. Ich weiß gar nicht so recht, warum mir dieses Amt damals so erstrebenswert erschien. Vermutlich waren mein überzogener Ehrgeiz und meine große Geltungssucht die Triebfedern.

Du bist ja dann in diesem Amt auch nicht gerade glücklich geworden, wie man hören konnte. Erst ist dir deine Frau davongelaufen, weil du keine Zeit und keine Augen mehr für sie hattest, dann – schon wenige Jahre später – hat man dich regelrecht aus dem Rathaus gejagt, weil du mit deinen Entscheidungen der Gemeinde mehr geschadet als genutzt hast. Auch sollst du in einen Korruptionsskandal verwickelt gewesen sein, falls das stimmen sollte, was ich gelesen habe.

Lieber Klaus, auch wenn ich weit davon entfernt bin, dein damaliges Verhalten zu verstehen oder gar gutzuheißen, so kann ich dir versichern, dass ich dir verziehen habe, falls dir das etwas bedeuten sollte.

Ich wünsche dir, dass es dir schon gelungen ist oder eines Tages gelingen möge, dein Verhalten zu reflektieren.

Lebe Wohl!

Viele Grüße

Johann

17. März 2019

Lieber Jens,

wie gerne würde ich dich mit »mein lieber Sohn« begrüßen, aber das steht mir nach allem, wie ich mich dir gegenüber verhalten habe, wohl nicht zu.

Wie mir deine liebe Mutter gestern per E-Mail mitgeteilt hat, weißt du, wer dein Vater ist. Ich hatte sie auch um ihre Einschätzung gebeten, ob es ratsam ist, mich nach all den verflossenen Jahren überhaupt noch an dich zu wenden. Sie hat die Entscheidung mir überlassen.

Da es mir ein Herzenswunsch ist, dich um Verzeihung zu bitten, dass ich dir nie ein wirklicher Vater sein wollte bzw. konnte, schreibe ich dir diesen Brief.

Dass ich mich erst jetzt oder gerade jetzt bei dir melde, hat einen einfachen Grund.

Seit Jahren habe ich ein Krebsleiden, das nun in sein finales Stadium eingetreten ist. Mir bleibt also nicht mehr viel Zeit.

Ich vermute, dass du dich in deinem jungen Alter noch nicht mit dem Thema »Sterben und Tod« auseinandergesetzt haben dürftest. Mich hat diese Thematik schon in meinen mittleren Jahren immer sehr beschäftigt. Jetzt, da es bei mir bald so weit ist, dass ich diese Welt verlassen werde, bildet sie den Mittelpunkt meiner Gedanken.

Ich sehe dem Tod mit großer Gelassenheit entgegen, da ich weiß, dass er nicht das Ende meiner Existenz darstellt.

Es ist mir in dieser letzten Phase meines Erdenlebens sehr wichtig, noch einmal einen Rückblick auf selbiges zu werfen. Dabei erinnere ich mich an vieles, was ich falsch gemacht habe. Mir kommen etliche Menschen in den Sinn, in deren Schuld ich stehe.

Insbesondere dich muss ich von ganzem Herzen um Verzeihung bitten.

Ja, es war damals ein Schock für mich, als deine Mutter mir sagte, dass ich sie geschwängert hatte. Normalerweise freut man sich auf ein Kind. Aber das war damals keine normale Situation.

Auch wenn deine Mutter und ich uns sehr lieb gehabt haben, so pflegten wir keine Beziehung. Vielmehr hatten wir eine kurze und leidenschaftliche Affäre, der du dein Erdenleben verdankst.

Weder deine Mutter noch ich hielten deine Geburt für eine hinreichende Basis einer tragfähigen Beziehung. Zum einen war der Altersunterschied zwischen uns viel zu groß; zum anderen wollte ich meine Ehe nicht aufs Spiel setzen. Also, eine Eheschließung kam für uns *beide* nie in Betracht.

Was mich aber mein ganzes weiteres Leben wie ein großer Vorwurf berührte und was in meiner jetzigen Phase schwer auf meiner Seele lastet, ist die Tatsache, dass ich dich offiziell nie als meinen Sohn anerkannt habe, dass du nie einen richtigen Vater haben konntest.

Auch wenn meine damaligen Motive, die Vaterschaft in gewisser Weise zu verleugnen, nicht gerade edel waren, so kannst du sie heute vielleicht zumindest ein wenig nachvollziehen.

Nun, ich leitete in dieser Zeit die IT-Abteilung eines großen Industrieunternehmens. Deine Mutter, die dort als Programmiererin arbeitete, war eine meiner Mitarbeiterinnen. Wäre herausgekommen, dass ich sie geschwängert habe, so wäre mein Ruf in der Firma sehr beschädigt worden. Möglicherweise hätte ich sogar mit Konsequenzen rechnen müssen, da sie meine Untergebene war.

Dann war ich politisch sehr engagiert. Ich stand ganz weit oben auf der Kandidatenliste für die Bürgermeisterwahl. Hätte die Presse Wind von meiner außerehelichen Vaterschaft bekommen, hätte ich die Wahl schon frühzeitig vergessen können.

Vermutlich wirst du an mich überhaupt keine Erinnerungen mehr haben. Schließlich warst du, als ich dich und deine Mutter zum letzten Mal besucht habe, erst vier Jahre alt – sofern ich mich da jetzt richtig erinnere.

Ja, in deinen ersten Lebensjahren habe ich euch relativ häufig besucht. Es war mir immer eine große Freude, dich heranwachsen zu sehen.

Nachdem deine Mutter dann deinen Stiefvater kennengelernt hatte, hielten wir es für besser, den Kontakt zu beenden.

Du hast ja ganz offensichtlich deinen Weg gemacht! Wie ich von einem gemeinsamen Bekannten erfahren habe, stehst du kurz vor dem Abschluss deines Sportstudiums. Mir war Sport auch immer sehr wichtig! In jüngeren Jahren habe ich viel Tennis und Volleyball gespielt. Auch Bergwanderungen und Radtouren habe ich sehr geliebt. Vor knapp 20 Jahren habe ich dann meine Laufleidenschaft entdeckt. Seitdem habe ich bis noch vor ein paar Wochen mindestens 30 km wöchentlich abgespult. Im letzten Jahr bin ich meinen letzten Halbmarathon in knapp unter zwei Stunden gelaufen, was für einen Mann in meinem Alter ganz respektabel ist, oder?

Lieber Jens, ich weiß nicht, ob es dich überhaupt interessiert, weiteres über mich zu erfahren. Dennoch möchte ich dir in aller Kürze ein paar Eckdaten meiner Biografie schildern:

Also, ich bin 1941 geboren. Nach dem Studium der Informatik, die damals noch ein Teilgebiet der Mathematik war, und Wirtschaftswissenschaften begann ich meine berufliche Laufbahn bei einem großen Industrieunternehmen, dem ich bis zu meiner Pensionierung treu geblieben bin.

Von 1988 bis zu meiner Pensionierung leitete ich die IT-Abteilung, in der auch deine Mutter als Programmiererin arbeitete.

In den 1990er Jahren war ich in der Kommunalpolitik sehr engagiert. Mein Wunsch, Bürgermeister zu werden, hat sich allerdings nicht erfüllt.

Aus meiner ersten Ehe habe ich zwei Kinder: Dein Halbbruder Fritz und deine Halbschwester Hannelore.

Fritz ist 43 Jahre alt und lebt seit langer Zeit in Australien. Für den Fall, dass du mit Fritz Kontakt aufnehmen möchtest, lege ich seine Adresse sowie ein Foto von ihm diesem Brief bei.

Hannelore ist gerade 40 Jahre alt geworden. Zu ihr habe ich seit vielen Jahren kein gutes Verhältnis. Sie weiß auch nicht von dir. Zumindest habe ich ihr nie erzählt, dass sie einen Halbbruder hat. Fritz habe ich es erst kürzlich offenbart.

Lieber Jens, abschließend möchte ich dir noch einmal versichern, dass es mir unbeschreiblich leid tut, dass ich mich so wenig um dich gekümmert habe.

Ich wünsche dir von ganzem Herzen alles Liebe!

Dein unwürdiger Vater

Johann Tollmann

Wie soll ich es möglich machen,
in einem Brief etwas so Zartes,
als ein Gedanke ist, auszuprägen?

Ja, wenn man Tränen schreiben könnte.

Heinrich von Kleist

20. März 2019

Sehr geehrte Frau Salzmann,
sehr geehrter Herr Salzmann,

mein Name dürfte sich wohl unauslöschlich in Ihr Gedächtnis eingebrannt haben. Schließlich kann man den Namen eines Menschen, der einem das eigene Kind totgefahren hat, niemals vergessen, auch wenn man es sich noch so sehr wünschen sollte.

Ich könnte es verstehen, wenn Sie diesen Brief erst gar nicht lesen und ihn sogleich zerreißen.

Allerdings würde es mich außerordentlich freuen, ja beglücken, wenn Sie mir gestatten würden, auf diesem Weg meiner Seele etwas Luft zu verschaffen und mein Gewissen zu erleichtern.
  Ja, es ist mir ein Herzensbedürfnis, Ihnen nochmals zu versichern, wie unendlich leid es mir tut, was damals vor 20 Jahren passiert ist.

Mir ist natürlich bewusst, dass ich nichts mehr ungeschehen machen und Ihre Trauer nicht mildern kann.

Ich kann Ihnen versichern, dass auch ich unglaublich unter diesem tragischen Unfall gelitten habe. Monatelang bin ich fast jede Nacht schweißgebadet aufgewacht und sah Ihre kleine Tochter vor mir.
  Über ein Jahr lang war ich in ärztlicher und psychologischer Behandlung, um mein Trauma zu verarbeiten.

Um ehrlich zu sein, habe ich in den letzten zehn, fünfzehn Jahren kaum noch an das Drama gedacht. Aber jetzt, wo ich an der Schwelle des Todes stehe und bald auch in der Welt sein werde, in der Ihre liebe Tochter schon seit langem ist, fordern alle diese Erinnerungen und Schuldgefühle wieder ihr Recht.

Jetzt gelingt es mir allerdings, auf den fürchterlichen Unfall mit einem relativ objektiven Blick zu schauen.

Wie Sie wissen, hat das Gericht mich damals für unschuldig erklärt. Um meine berufliche und meine politische Karriere nicht zu gefährden, nahm ich mir damals einen teuren Anwalt, der mir letztlich zu dem Freispruch verhalf.

Damals fühlte ich mich juristisch nicht schuldig.

Wenn ich heute die Situation noch einmal Revue passieren lasse, so kommen mir doch gewisse Zweifel, die sehr an mir nagen.

Natürlich war die Fußgängerampel auf Rot, als Ihre Tochter die Straße überquerte. Aber ich war wohl nicht aufmerksam genug. Ich war gerade damit beschäftigt, einen anderen Sender in meinem Autoradio zu suchen, so dass ich für wenige Sekunden den Blick nicht auf die Straße richtete. Ansonsten hätte ich *vermutlich* noch rechtzeitig bremsen können.

Vor Gericht habe ich das natürlich auf Anraten meines Anwalts verschwiegen! Aber auch wenn ich verurteilt worden wäre, hätte das weder Ihre Tochter wieder lebendig gemacht noch hätte es Ihnen wirklich helfen können.

Um mein Gewissen zu beruhigen, habe ich Ihnen dann einige Zeit später ein freiwilliges Schmerzensgeld angeboten, was sie ausgeschlagen haben. Mir hätte eigentlich klar sein können, dass ich Ihr Leid mit Geld nicht lindern könnte.

Besonders bedauere ich, dass ich mich damals nicht einmal bei Ihnen persönlich entschuldigt habe. Ich habe auf meinen Anwalt gehört, der meinte, dass eine Entschuldigung als Eingeständnis einer Schuld oder Teilschuld gewertet werden könnte.

Auch wenn ich vielleicht trotz meiner Unaufmerksamkeit juristisch wirklich keine Schuld hatte, moralisch fühlte ich mich schuldig. Und das hat sich bis zum heutigen Tage nicht geändert!

Liebe Frau Salzmann, lieber Herr Salzmann, ich weiß nicht, ob es eine gute Idee war, Ihnen überhaupt zu schreiben. Womöglich habe ich bei Ihnen alte Wunden, die schon ein wenig verheilt waren, wieder aufgerissen.

Ich werde meine Idee, Ihnen diesen Brief geschrieben zu haben, noch einmal überschlafen. Morgen früh werde ich dann aus dem Bauch heraus entscheiden, ob ich ihn abschicke.

Ich bitte Sie um Vergebung!

Mit herzlichen Grüßen

Johann Tollmann

25. März 2019

Sehr verehrter Herr Bröske,

ich habe nicht die geringste Ahnung, wo Sie heute wohnen. Daher kann ich diesen Brief natürlich auch nicht abschicken.

Mit an Sicherheit grenzender Wahrscheinlich leben Sie aber schon in der Welt, in die ich in Kürze auch gehen werde.

Da ich jeden Satz, den ich nun an Sie gerichtet schreiben möchte, mit innigen Gedanken und Gefühlen durchpulsen werde, bin ich mir sicher, dass Sie das, was ich Ihnen mitteilen möchte, wahrnehmen können.

Als ich vor fünfzig Jahren mein Studium abgeschlossen hatte, begann ich meine berufliche Karriere in der von Ihnen geleiteten IT-Abteilung.

Sie haben mich vom ersten Tage an unter Ihre väterlichen Fittiche genommen und mir die Einarbeitung so leicht und angenehm wie möglich gestaltet.

Ich weiß noch sehr gut, wie schwer es mir anfangs fiel, in der Berufspraxis Fuß zu fassen. Als frischer Hochschulabsolvent glaubte ich, die Weisheit mit Löffeln gegessen zu haben. Ich musste lernen zu erkennen, dass Theorie und Praxis zwei verschiedene Dinge sind.

Auch diesen Lernprozess haben Sie mir sehr erleichtert. Sie haben es verstanden, mir die richtigen Aufgaben zu geben, an denen ich schließlich wachsen konnte.

Dafür möchte ich Ihnen heute von ganzem Herzen danken!

Es gibt aber noch etliche weitere Dinge, für die ich »Danke« sagen möchte!

In den ersten Jahren hatte ich des Öfteren gesundheitliche und auch private Probleme, so dass sich erkleckliche Fehlzeiten anhäuften. Selbst wenn ich anwesend war, war ich häufig unkonzentriert und nicht in der Lage, meine volle Arbeitsleistung abzurufen.

Sie zeigten immer Verständnis und haben nie den Glauben an mich verloren! Ich denke, dass ich dann später Ihr Vertrauen auch rechtfertigen konnte.

Sonst hätte Sie mich ja kurz vor Ihrer Pensionierung wohl kaum als Ihren Nachfolger vorgeschlagen.

Lieber Herr Bröske, Sie waren wirklich ein ganz wichtiger Mensch in meinem Leben und ein großes Vorbild!

Als ich dann die Leitung der IT-Abteilung übernommen hatte, nahm ich mir fest vor, Ihrem Vorbild zu folgen und meine Mitarbeiter genauso korrekt und fürsorglich zu behandeln, wie Sie es stets vorgelebt hatten.

In der Retrospektive meines sich dem Ende zuneigenden Lebens ist mir sehr deutlich geworden, dass mir das nicht immer gelungen ist.

Nochmals herzlichen Dank für alles, lieber Herr Bröske!

Ich bin mir sicher, dass wir uns bald wiedersehen
werden!

Ihr

Johann Tollmann

*Oft lernen wir, selbst nach
jahrelanger persönlicher Bekanntschaft,
die Menschen wahrhaft nur erst
durch einen Briefwechsel kennen,
den wir mit ihnen führen.*

Karl Ferdinand Gutzkow

Sehr geehrter Herr Stresemann,

ich kann mir gut vorstellen, wie überrascht Sie sein dürften, nach fast zwanzig Jahren ein Lebenszeichen von mir, Ihrem ehemaligen Vorgesetzten zu bekommen.

Der Begriff »Lebenszeichen« trifft es einerseits ganz gut, andererseits klingt er für mich fast ein wenig zynisch.

Ja, es ist leider so, dass mir nicht mehr viel Zeit bleiben wird, ein Lebenszeichen zu geben. Nach ärztlicher Einschätzung und nach menschlichem Ermessen dürften mir nur noch wenige Monate vergönnt sein.

Aber ich will Sie nun wirklich nicht mit meiner Krankheitsgeschichte behelligen.

Mit einer solchen Situation gehen unterschiedliche Menschen unterschiedlich um. Da ich in der glücklichen Lage bin, noch bei klarem Verstand zu sein und keine unerträglichen Schmerzen zu haben, war es mir ein großes Bedürfnis, mein Leben noch einmal Revue passieren zu lassen und dabei insbesondere – so objektiv wie eben möglich – meine vielen Schwächen, Fehler und Versäumnisse anzuschauen.

Bei dieser Besinnung habe ich mich sehr schnell an Sie und unser Verhältnis erinnert! Aus heutiger Sicht ist mir absolut klar, dass ich mich Ihnen gegenüber meistens sehr unfair verhalten habe und dass Sie unter meiner Führung sehr zu leiden hatten.

Heute ist mir so richtig bewusst, wie es dazu kommen konnte. Als Sie damals in dem Unternehmen anfingen, kamen Sie gerade als junger und hochbegabter Diplom-Informatiker von der Uni. Sie traten Ihre Stelle mit großem Eifer und Engagement an. Schon recht bald sprudelten aus Ihnen Verbesserungsvorschläge und innovative Ideen nur so heraus.

Wenn Sie mir dann Ihre Ideen vortrugen, wies ich diese meistens mit fadenscheinigen Begründungen ab. Diejenigen Ihrer Vorschläge, die dann später realisiert wurden, verkaufte ich der Geschäftsleitung gegenüber als *meine* Ideen.

Auch ist Ihnen gewiss aufgefallen, dass ich Sie bei anstehenden Beförderungen immer ignoriert habe, obwohl Sie viel geeigneter gewesen wären als die, welche letztlich die Stelle bekommen haben.

Ich war in dieser Zeit schon Mitte fünfzig und nicht mehr so flexibel und innovationsfreudig wie Sie als junger, dynamischer und außerordentlich talentierter Mitarbeiter. In mir machte sich die große Angst geltend, dass Sie mich überflügeln und an meinem Stuhl sägen könnten, was sicherlich nie in Ihrer Absicht lag. Daher war es stets mein Bestreben, Sie unten zu halten und Ihnen nicht zu viel Einfluss zu geben.

Es gab durchaus die eine oder andere Phase, in der mir auch damals schon bewusst wurde, dass mein Verhalten Ihnen gegenüber doch recht schändlich war. Um mein Gewissen zu beruhigen, schlug ich Sie dann immer für eine Gehaltserhöhung vor.

Vermutlich haben Sie sich damals gewundert, dass Ihr Gehalt häufig aufgestockt wurde, obwohl Sie gar nicht darum gebeten hatten.

Trotzdem haben Sie dann nach einigen Jahren das Unternehmen verlassen und sich einer anderen Firma angeschlossen, was ich heute bestens verstehen kann. Damals war ich natürlich heilfroh, einen vermeintlichen Konkurrenten los zu sein.

Wie ich von einem anderen ehemaligen Mitarbeiter erfahren habe, bekleiden Sie in Ihrem jetzigen Unternehmen mittlerweile eine Führungsposition. Das freut mich sehr für Sie. Wenn einer das Zeug zu einer solchen Funktion hat, dann sind Sie es!

Lieber Herr Stresemann, mir war es wichtig, Ihnen heute meine Beweggründe für mein damaliges Verhalten, das ich in keiner Weise schönreden will, offenzulegen. Ich hoffe, Sie können es zumindest ein wenig verstehen. Vielleicht können Sie mir sogar verzeihen.

Abschließend möchte ich Ihnen als alter Mann noch einen Rat geben:
Sollten Sie auch einmal in eine ähnliche Situation geraten, in der ich damals war oder zu sein glaubte, machen Sie bitte nicht den gleichen Fehler wie ich!

Es grüßt Sie ganz herzlich

Johann Tollmann

PS
Wer weiß, vielleicht sehen wir uns ja eines Tages wieder – sei es im ›Jenseits‹ oder in einem späteren Leben, falls Sie an so etwas glauben...

2. April 2019

Lieber Frido,

du wirst sicher denken, dir schreibt ein Geist, weil wir seit rund fünf Jahrzehnten nichts voneinander gehört haben.

Aber ich bin kein Geist – noch nicht. Allerdings wird es nicht mehr allzu lange dauern, bis ich einer bin.

Es war übrigens gar nicht so leicht herauszufinden, wo du jetzt wohnst. Aber dank Internet ist es mir letztlich gelungen.

Ja, warum schreibe ich dir nach so langer Zeit?

Nun, wenn man so zielstrebig auf den Tod zugeht wie ich, hat man viel Zeit, noch einmal gründlich über sein Leben nachzudenken. Dabei kommt einem so manches in den Sinn, was man eigentlich schon vergessen hatte oder nicht mehr für bemerkenswert hielt.

Als ich mir noch einmal intensiv meine Jugend und die Zeit, als wir beide junge Erwachsene waren, in Erinnerung rief, kam ich an dir natürlich nicht vorbei.

Über Jahre waren wir beide unzertrennlich.

Wir machten zusammen Abitur und studierten gemeinsam die gleichen Fächer. Es war wirklich eine wunderschöne Zeit, die ich nicht missen möchte.

Sicher kannst du dich auch noch daran erinnern, wie wir gemeinsam in der Schule unsere Lehrer provoziert und auf die Schippe genommen haben! Wie oft haben wir gemeinsam Mädchen aufgerissen oder uns anderweitig amüsiert! Kein Blödsinn war uns zu blöd!

Eigentlich ist es ja nicht ganz korrekt, wenn ich »gemeinsam« schreibe. Im Grunde warst du es immer, der sagte, wo es langgeht. Ich war viel zu schüchtern, zu unsicher und hatte ein viel zu geringes Selbstvertrauen. Immer wieder musstest du mir einen Anstoß geben und mir Mut machen.

Es war wirklich dir zu danken, dass mein Selbstvertrauen im Laufe der Jahre wuchs. Ich verdanke dir so vieles! Vermutlich hätte ich ohne deine Hilfe nicht einmal das Abitur geschafft. Wie oft hast du mich bei Klassenarbeiten von dir abschreiben lassen!

Ja, du warst um Längen cleverer und couragierter als ich.

Leider endete unsere Freundschaft kurz nach dem Studium sehr abrupt, als du dich mit Brigitte verlobtest, die ich mir eigentlich als zukünftige Ehefrau auserkoren hatte. Auch wenn es ihre Entscheidung war, so war ich doch extrem wütend auf dich, so dass ich von dir nichts mehr wissen wollte.

Das ist lange her! Dieser Groll, den ich dir gegenüber damals hegte, ist längst verraucht. Ich hoffe, ihr seid miteinander glücklich geworden.

Wenn ich heute an dich denke, so sind das nur noch Gedanken der Zuneigung und der Dankbarkeit.

Es ist mir heute ein tiefes Bedürfnis, dir für unsere gemeinsame Zeit zu danken. Es war wirklich eine schöne und unbeschwerte Zeit.

Besonders danken möchte ich dir dafür, dass du mich – vermutlich ohne dass es dein Ziel gewesen ist – in vielen Dingen angeleitet und mir immer wieder Mut zugesprochen und Zuversicht gegeben hast.

Ohne dich wäre aus mir wohl nicht das geworden, was ich später war: Ein alles in allem zufriedener, phasenweise sogar glücklicher und durchaus erfolgreicher Mann.

Vielen Dank, lieber Frido!

Ich wünsche dir einen schönen Lebensabend. Genieße ihn, nein darum geht es wohl nicht. Mache aus der Zeit, die dir noch bleibt, das, was du für richtig und wichtig hältst!

Es grüßt dich dein alter Jugendfreund

Johann

Ich weiß von alters her,
dass man entfernten Freunden
gar nicht schreibt,
wenn man darauf warten will,
bis man ihnen etwas zu schreiben hat.

Johann Wolfgang von Goethe

4. April 2019

Meine liebe Frau Fiedler,

Sie werden vermutlich sehr überrascht sein, nach vielen Jahren mal wieder von mir zu hören. Außerdem – so glaube ich zumindest – habe ich Ihnen noch nie einen Brief geschrieben.

Nun, der Anlass ist kein besonders erfreulicher.

Meine Krankheit, an der ich im Grunde schon seit langer Zeit leide, ist mittlerweile so weit fortgeschritten, dass ich in voraussichtlich wenigen Monaten die Schwelle des Todes überschreiten werde.

Ich kann Sie, während Sie diese Zeilen lesen, geradezu vor mir sehen, wie Ihnen jetzt die Tränen die Wangen runterlaufen. Ja, Sie waren immer eine außerordentlich empathische Frau, die sehr um die Menschen aus ihrem Lebensumfeld besorgt war.

Aber es geht mir nun wirklich nicht darum, an Ihr Mitgefühl zu appellieren. Ich bedarf dessen auch nicht, da ich meine Situation längst akzeptiert habe und mit ihr gut umzugehen weiß. Sterben ist ein ganz normaler Prozess, den jeder von uns eines Tages durchmachen muss – der eine früher, der andere später.

Mir waren immerhin 78 Jahre – darunter waren sehr schöne, schöne und weniger schöne – in dieser Welt vergönnt. Da darf man ja wohl durchaus zufrieden sein. Wenn das Schicksal es will, erlebe ich vielleicht sogar noch meinen 79. Geburtstag. Aber das ist nach Auskunft der Ärzte eher unwahrscheinlich, und es ist auch nicht mein erklärtes Ziel.

Ich habe jetzt Zeit und Muße, mein Leben noch einmal in aller Ruhe zu überdenken. Dabei kommen mir einige Menschen in den Sinn, denen ich zu Dank verpflichtet bin.

Dazu gehören ganz gewiss auch – ja sogar insbesondere – Sie, liebe Frau Fiedler!

Sie waren für mich über viele Jahre eine Sekretärin, wie man sich eine bessere und loyalere gar nicht vorstellen kann. Auf Sie war in jeder Hinsicht Verlass.

Wie oft haben Sie mich aufgemuntert, wenn ich gestresst und einem Burnout nahe war. Gerne denke ich an Ihre leckeren Pralinen, von denen Sie mir immer einige heimlich auf meinen Schreibtisch legten, wenn Sie den Eindruck hatten, mir etwas Gutes tun oder mich aufheitern zu müssen.

Wenn der Begriff »treue Seele« auf irgendeinen Menschen zutrifft, dann auf Sie!

Sie gehörten noch zu den Menschen, die sich auch von einer mittelschweren Erkältung nicht davon abhielten ließen, Ihrer Pflicht nachzukommen.

Ich fürchte, ich habe Ihr Engagement nie so richtig zu würdigen gewusst.

Es ist mir ein Herzensbedürfnis, das mit diesem Brief nachzuholen.

Haben Sie vielen herzlichen Dank für alles, was Sie für das Unternehmen und insbesondere für mich persönlich geleistet haben!

Der Blumenstrauß, der in diesen Tagen bei Ihnen abgegeben wird, soll ein kleines äußeres Zeichen meiner großen inneren Dankbarkeit sein.

Machen Sie es gut!

Mit herzlichen Grüßen

Ihr

Johann Tollmann

Briefe leben, atmen warm
und saugen mutig,
was das bange Herz gebeut.
Was die Lippen kaum zu stammeln wagen,
das gestehn sie ohne Schüchternheit.

Gottfried August Bürger

4. April 2019

Lieber Herr Dr. Jacobi,

schon vor annähernd zehn Jahren habe ich versucht, mal wieder Kontakt zu Ihnen aufzunehmen. Aber mein Brief kam mit dem Vermerk »Empfänger unbekannt« oder »unbekannt verzogen« – so ganz genau weiß ich das heute nicht mehr – zurück.

Mein erster Gedanke war, dass Sie diese Welt schon verlassen hätten.

Doch dann traf ich vor knapp zwei Jahren zufällig unseren früheren Kollegen, Ihren Vorstandsassistenten Herrn Jung, der mich davon in Kenntnis setzte, dass Sie mit Ihrer lieben Frau seit geraumer Zeit in einem Seniorenwohnstift leben, dessen Adresse er mir gab. Herr Jung ließ mich auch wissen, dass es Ihnen ganz gut gehe.

Doch dann konnte ich mich zunächst nicht aufraffen, Ihnen zu schreiben oder Sie zu besuchen. Wenn man zu einem Menschen lange Zeit keinen Kontakt hatte, so fällt es meist recht schwer, diesen wieder aufzunehmen. Das kennen Sie vermutlich auch.

Nun bin ich aber in einer besonderen Situation.

Vor einigen Jahren wurde bei mir ein Krebsleiden diagnostiziert, das jetzt nicht mehr zu therapieren ist. Nun stehe ich schon recht nahe an der Schwelle des Todes. Es verbleiben mir aller Voraussicht nach nur noch ein paar Monate.

Diese finale Situation, in der ich mich befinde, lässt es nicht mehr zu, dass ich noch irgendwelche Unternehmungen mache. Im Grunde bin ich zwar noch nicht unbedingt ans Bett, aber doch ans Haus gebunden. Somit habe ich viel Zeit, mir noch einmal mein Leben durch den Kopf gehen zu lassen.

In diesem Zuge erinnere ich mich an etliche Menschen, denen ich in der einen oder anderen Weise verbunden bin, Menschen, denen ich noch etwas mitteilen möchte.

Sie, lieber Herr Jacobi, gehören ganz ohne Zweifel zu den Menschen, von denen ich mich noch unbedingt verabschieden möchte. Da ich mich nicht mehr in der Lage sehe, das persönlich zu machen, wähle ich diesen Weg.

Eigentlich ist mir erst jetzt so richtig klar geworden, dass ich mich in meinem Leben bei etlichen Menschen viel zu selten aufrichtig bedankt habe. Vieles habe ich wohl als selbstverständlich betrachtet, was es aber meistens ganz gewiss nicht war. Nun ist es mir ein großes Anliegen, einigen meiner Weggefährten ein großes Dankeschön zu sagen, auch wenn das etwas spät kommen mag. Auch bei Ihnen möchte ich mich auf diesem Wege für vieles, was Sie für mich getan haben, herzlich bedanken.

Fast zwanzig Jahre lang waren Sie als Vorstandsvorsitzender mein höchster Chef. Einen besseren Vorgesetzten hätte ich mir nicht wünschen können. Ihre Wertschätzung meiner Person und meiner Arbeit habe ich immer sehr genossen. Manchmal hatte ich sogar den Eindruck, dass Sie eine viel zu gute Meinung von mir hatten, dass ich Ihr Wohlwollen gar nicht verdient hatte.

Besonders geehrt habe ich mich gefühlt, als Sie mich dann später sogar in den Vorstand berufen haben.

Das Berufsleben war das eine, unser privates Verhältnis das andere.

Wie sehr hat es mich gefreut, dass Sie meine Frau und mich des Öfteren zu sich eingeladen haben. Ich erinnere mich noch gut daran, wie steif und förmlich unsere ersten Zusammenkünfte verlaufen sind. Aber es dauerte nicht lange, bis das Eis gebrochen war, so dass wir auch viele gemeinsame Ausflüge und Kurzurlaube machten, an die ich heute noch mit großer Freude denke.

Besonders fruchtbar fand ich es, dass ich mit Ihnen auch sehr ernsthaft über spirituelle Themen reden konnte. Bisweilen haben wir bis in die frühen Morgenstunden diskutiert. Leider hatten unsere Frauen keinen Bezug dazu.

Mein ausdrücklicher Dank gilt Ihnen, dass Sie mich damals auf die geisteswissenschaftlichen Werke Rudolf Steiners aufmerksam gemacht haben, die wir dann häufig gemeinsam studiert haben.

Das in diesen Büchern Dargestellte ist mir auch jetzt noch eine große Hilfe, um mich auf meine ›große Reise‹, die ich bald antreten werde, vorzubereiten. Außerdem hat es mir jedwede Angst vor dem Tod genommen.

Lieber Herr Jacobi, ich wünsche Ihnen und Ihrer Gattin einen schönen Lebensabend.

Wie Sie und ich wissen, werden wir uns ja eines Tages wiedersehen.

Herzliche Grüße

Ihr

Johann Tollmann

*Deshalb sind Briefe so viel wert,
weil sie das Unmittelbare
des Daseins aufbewahren.*

Johann Wolfgang von Goethe

7. April 2019

Sehr geehrter Herr Strecker,

nein, keine Sorge, ich behellige Sie nicht wieder mit Vorwürfen oder gar einer weiteren Anzeige. Auch neuerliche Beschimpfungen haben Sie nicht zu befürchten.

Schließlich sind Sie ja mittlerweile schon seit über fünf Jahren nicht mehr mein Nachbar.

In den letzten Tagen ist mir wieder in den Sinn gekommen, wie vergiftet unser nachbarschaftliches Verhältnis über viele Jahre war! Wie sehr haben Sie mich immer wieder provoziert und genervt!

Wie oft musste ich Sie ermahnen, Ihre Bäume und Sträucher, deren Äste weit in mein Grundstück reinragten, zurückzuschneiden.

Wie oft musste ich Sie bitten, Ihren Rasen nicht außerhalb der üblichen Zeiten zu mähen.

Besonders verärgert war ich immer, wenn Sie bei Ihren Gartenfesten – was leider sehr oft der Fall war – keine Zeit- und Lärmgrenzen zu kennen schienen.

Wie viele schlaflose Nächte hat das meiner Frau und mir beschert!

Anfangs habe ich meistens versucht, Ihnen ganz ruhig und höflich mitzuteilen, was mich störte. Nachdem ich den Eindruck gewinnen musste, dass das nicht fruchtet, sah ich mich wohl gezwungen, zu drastischeren Maßnahmen zu greifen. Oftmals rief

ich bei der Polizei an, die Sie dann zur Ordnung auf-
rufen musste. Zweimal hielt ich es sogar für angemessen, eine Anzeige zu erstatten.

Was mir mittlerweile sehr leid tut, ist die Tatsache,
dass ich Sie des Öfteren auf das Übelste beschimpft
und beleidigt habe. Einmal war ich sogar nahe dran,
Ihnen an den Kragen zu gehen. Ich hoffe, Sie können
mir das heute verzeihen!

Dass Sie mir dann eine Klage wegen Beleidigung
angehängt haben, kann ich aus heutiger Sicht nachvollziehen. Verwerflich fand ich hingegen, dass Sie
einen schmierigen Journalisten aufgetan haben, der
mich in einem Zeitungsartikel als widerlichen und
unausstehlichen Nachbarn darstellte. Spätestens dadurch war ich als Kandidat für die Wahl zum Bürgermeister endgültig unten durch.

Lieber Herr Strecker, ich kann Ihnen versichern, dass
in mir kein Groll mehr ist. Ich wünsche Ihnen, dass es
Ihnen mittlerweile gelungen ist einzusehen, dass Ihr
Verhalten häufig sehr unangemessen war und dass
Sie Ihren heutigen Nachbarn gegenüber mehr Rück-
sicht walten lassen.

Ich wünsche Ihnen alles Gute!

Viele Grüße

Johann Tollmann

8. April 2019

Meine lieben Lauffreunde,

sicherlich wird sich der eine oder andere von euch schon gefragt haben, warum ich seit ein paar Monaten nicht mehr zu unseren Lauftreffs erschienen bin.

Möglicherweise habt ihr gedacht, dass meine Patellasehne wieder einmal zickt und zwickt, so dass ich eine Trainingspause einlegen musste.

Nein, das ist es nicht, meiner Patellasehne geht es gut! Aber eine schmerzfreie Patellasehne ist nicht das einzige, was man sich als Läufer wünscht. Man wünscht sich auch allgemein Gesundheit und Wohlbefinden. Und genau da hapert es.

Bevor es zu kryptisch werden könnte, möchte ich es kurz machen:
Die meisten von euch wissen ja, dass ich schon seit Jahren ein Krebsleiden habe, das mich bisher aber nicht sonderlich eingeschränkt hatte. Nun ist aber das Stadium erreicht, dass ich bald ›finishen‹ werde, um es einmal in der Läufersprache auszudrücken. Ich bin schon auf der Zielgeraden! Auch wenn mein Arzt keine Kristallkugel griffbereit hatte, so nehme ich seine Prognose, dass ich meinen 79. Geburtstag vermutlich nicht mehr auf der Erde feiern werde, durchaus ernst.

Ihr werdet von meinem Ableben ja aus der Zeitung erfahren. Ich erwarte, dass ihr zu meiner Beerdigung kommt. Da gilt Schwänzen genauso wenig wie beim

Training oder Wettkampf. Glaubt mir, ich bekomme es von jenseits der Schwelle mit, wer dabei ist und wer nicht!

Es ist mir einfach ein Bedürfnis, mich bei euch noch einmal von ganzem Herzen für die gemeinsame Zeit zu bedanken. Mit großer Freude denke ich an unsere vielen, vielen Trainingsläufe und an den einen oder anderen Wettkampf.

Als ich vor rund zwanzig Jahren zum Laufclub kam, war ich zwar sportlich recht fit und durchtrainiert, aber was das Laufen angeht noch ein absoluter Newcomer. Ich weiß noch, wie schwer ich mich tat, bis ich nach einigen Wochen endlich mal zehn Kilometer am Stück ohne Pause laufen konnte. Dann dauerte es nicht lange, bis ich doppelte, dreifache, ja vierfache Distanzen zurücklegen konnte, wobei meine Zeiten immer besser wurden, so dass ich mich durchaus mit einigen Läufern messen konnte, die zwanzig Jahre jünger waren.

Besonders dir, lieber Peter, verdanke ich es, dass ich nicht die Flinte ins Korn geworfen habe. Immer wieder hast du mich aufgemuntert und motiviert. Auch für deine Mühe, mir permanent neue auf mich zugeschnittene Trainingspläne zu erstellen, möchte ich Dankeschön sagen.

Ja, es war mir immer eine große Freude, zweimal pro Woche mit euch meine Runden zu drehen. Hätte ich alleine laufen müssen, so hätte ich mich dazu meistens gar nicht aufraffen können. Aber in eurer Gruppe fühlte ich mich immer bestens aufgehoben.

Wie oft hatte ich mal mit dem einen, mal mit dem anderen von euch während des Lauftrainings so anregende Gespräche, dass die Stunde wie im Fluge verging.

Mit besonderer Freude denke ich auch an unsere alljährlichen Vereinsausflüge. Wie viel Spaß hatten wir da meistens! Wie konnte ich da meinen Alltagsstress vergessen!

Nochmals vielen Dank und bleibt immer schön sportlich!

Euer

Johann

Das erste Mal liest man immer zu schnell,
man verschlingt den Brief.
Erst wenn man ihn sich wieder vornimmt,
genießt man ihn, denkt darüber nach
und merkt, dass einem
tausend Feinheiten entgangen sind.

Sully Prudhomme

10. April 2019

Liebe Margret,

du wirst vermutlich höchst verwundert sein, von mir auf diesem Wege zu hören. Schließlich sehen wir uns mindestens einmal in der Woche und stehen in regem Austausch miteinander.

Außerdem bist du über meine Situation sowie meine Seelenverfassung besser informiert als jeder andere Mensch.

Der Grund, dass ich dir schreibe, ist, dass du in deiner großen Bescheidenheit immer gleich sagst: »Hör schon auf, du übertreibst!«, wenn ich dich einmal lobe oder mich bei dir bedanken möchte.

Nun kannst du mich nicht unterbrechen! Das, was ich jetzt schreibe, kommt aus tiefstem Herzen:

Du warst mir stets einer der liebsten und wichtigsten Menschen in meinem Leben. Du warst – und noch bist du es ja – eine Schwester, wie ich mir eine bessere nicht vorstellen könnte. Wann immer ich deiner Hilfe oder Unterstützung bedurfte, warst du für mich da. Wie oft hast du mich – selbst schon in jungen Jahren – aufgeheitert, wenn es mir nicht so gut ging!

Für all das möchte ich dir hiermit ein ganz, ganz großes Dankeschön sagen!

Liebe Grüße – bis Samstag

Dein Bruder Johann

11. April 2019

Sehr geehrter Herr Pfarrer Stratmann,

als wir uns vor ein paar Monaten in der Bücherei über den Weg gelaufen sind, sagten Sie mit einem etwas vorwurfsvollen Unterton: »Ich habe Sie schon lange nicht mehr in der Kirche gesehen, Herr Tollmann!«

Ich habe dann Ihre Bemerkung weggelächelt. Zum einen war ich etwas in Eile, zum anderen hielt ich es nicht für angemessen, auf eine solche Anspielung mit nur wenigen und womöglich nicht hinreichend durchdachten Sätzen zu reagieren.

Mit meinem heutigen Brief möchte ich die Gelegenheit ergreifen, recht ausführlich Stellung zu beziehen, wenngleich ich davon ausgehe, dass Sie das gar nicht erwarten.

Ja, Sie haben es richtig beobachtet. Wenn ich einmal von drei, vier Messen, die der Beerdigung eines Bekannten vorausgegangen sind, absehe, war ich schon seit gut und gerne sieben Jahren nicht mehr in der Kirche.

Vielleicht interessieren Sie ja meine Gründe, zumal es weiß Gott einige Mitglieder in Ihrer Pfarrei gibt, die ähnlich denken wie ich.

Es war ein eher schleichender Prozess, der schließlich dazu führte, dass ich mich von der Kirche mehr und mehr abwandte.

Der wesentliche Grund war, dass ich immer mehr erkennen musste, dass die katholische Kirche nicht in der Lage oder vielleicht auch nur nicht willens ist, die vielen spirituellen Fragen, die unzählige Menschen bewegen, zu beantworten. Insbesondere zu solchen Themen, die den Sinn des Lebens sowie das Leben des Menschen nach seinem Tod betreffen, hat Ihre Kirche nichts beizutragen, was den Erkenntnisdurst der Seele eines heutigen Menschen befriedigen könnte.

Ich habe einige Vorträge, die von Ihnen oder anderen katholischen Priestern bzw. Ordensleuten über diese Thematik gehalten wurden, besucht. Ich habe den Katechismus der katholischen Kirche rauf und runter studiert. Die Erkenntnis, die ich daraus gewinnen konnte, ist niederschmetternd:

Die Kirche hat zu diesen essentiellen Fragen im Grunde nur ein paar Floskeln beizutragen!

Es entsteht der Eindruck, dass die Kirche immer noch bestrebt ist, ihre Schäfchen auf der Kindheitsstufe zu halten. Über Kinder kann man eher Macht ausüben als über Erwachsene! Natürlich unterstelle ich *Ihnen* nicht, dass Sie das *bewusst* machen!

Die Zeit des blinden Glaubens und der Dogmatik ist längst vorbei! Wenn die Kirche nicht endlich bereit ist, Neuoffenbarungen, wie sie insbesondere durch die Anthroposophie, die Geisteswissenschaft Rudolf Steiners, der Welt geschenkt wurden, anzuerkennen, ist ihr Untergang unaufhaltsam. Schon seit Jahren treten die Gläubigen scharenweise aus der Kirche aus. Die mittlerweile öffentlich gewordenen Missbrauchsfälle sind ganz sicher nicht der einzige, vermutlich nicht einmal der entscheidende Grund dafür.

In jedem Menschen schlummert eine Sehnsucht nach spirituellen Erkenntnissen, nach einem Wissen über die göttlich-geistige Welt, welche die Kirche nicht zu stillen in der Lage ist.

Lieber Herr Stratmann, ich möchte Sie mit diesen Ausführungen keineswegs persönlich kritisieren oder gar angreifen.

Aber ich wünsche Ihnen von Herzen, dass es Ihnen gelingen möge, über den Tellerrand der kirchlichen Dogmen und Lehren zu schauen und sich spirituelle Erkenntnisse auf eigenem Wege zu erwerben. Nicht zuletzt dazu haben uns die göttlichen Weltenlenker den Verstand gegeben.

Nachdem Sie nun meine Einstellung zu Ihrer Kirche kennen, werden Sie sich möglicherweise fragen, warum ich nicht aus der Kirche ausgetreten bin, zumal ich mir dann über Jahre die Kirchensteuer hätte sparen können.

Nun, zum einen bin ich glücklicherweise nie in der Situation gewesen, mit jedem Euro rechnen zu müssen, und zum anderen wird das Geld ja – zumindest teilweise – durchaus sinnvoll eingesetzt. So fand ich es beispielsweise großartig, dass Sie vor ein paar Jahren das Jugendzentrum gebaut haben, das gewiss für viele Jugendliche einen sehr schönen Treffpunkt darstellt, um miteinander reden, feiern und spielen zu können.

Ich hätte Ihnen diesen Brief im Übrigen vermutlich nicht geschrieben, wenn ich nicht in einer besonderen Lebenslage wäre.

Nach menschlichem Ermessen bleiben mir nur noch wenige Wochen, bis ich die Todespforte durchschreiten werde. In dieser letzten Lebensphase ist es mir wichtig, so etwas wie eine Lebensbilanz zu ziehen.

In diesem Zuge kommen wieder viele Ereignisse ans Tageslicht, an die ich in gesunden Tagen gar nicht mehr gedacht habe. Insbesondere erinnere ich mich auch an etliche Dinge, die ich gemacht habe und heute sehr bedauere.

Wann immer möglich versuche ich, den Betroffenen die Gründe für mein damaliges Verhalten offenzulegen und sie um Verzeihung zu bitten.

Lieber Herr Stratmann, es gibt auch eine Situation, in der ich mich Ihnen gegenüber sehr unschön verhalten habe.

Vermutlich werden Sie sich gar nicht mehr daran erinnern.

Es dürfte vor etwa acht Jahren gewesen sein, als ich in einem Ihrer Gemeindevorträge war. Es ging um das Thema: »Reinkarnation – ein Hirngespinst!«

Wie bereits der Vortragstitel vermuten ließ, haben Sie mit fadenscheinigen und zum Teil auch einfach unwahren Behauptungen versucht, die Reinkarnationslehre für einen Unsinn zu erklären, an den man als guter Katholik nicht glauben dürfe.

In der anschließenden Diskussion habe ich dann einige recht sachliche Argumente vorgetragen, die eindeutig die Gültigkeit dieser Lehre untermauern. Sie haben natürlich heftig allerlei Gegenargumente vorgebracht, die aber aus meiner Sicht jeder Logik entbehrten und nach meinem Dafürhalten an den

Haaren herbeigezogen waren. Irgendwann verlor ich meine Contenance und stieß einige unsachliche Beleidigungen Ihnen gegenüber aus. Da sich einige Zuhörer auf meine Seite schlugen, geriet die Veranstaltung ziemlich aus den Fugen.

Das tut mir heute sehr leid, und ich bitte Sie aufrichtig um Verzeihung.

Nach allem, was Sie jetzt schon in diesem Brief gelesen haben, dürfte es Sie nicht mehr überraschen, dass ich *keine* kirchliche Beerdigung wünsche.

Ich fürchte, wenn ich die üblichen Sprüche »Ruhe in Frieden« oder »Herr, gib ihm die ewige Ruhe«, die bei Beerdigungen immer gesprochen werden, in der geistigen Welt hören würde, so würden sich mir die dann natürlich nicht mehr vorhandenen Nackenhaare sträuben. Denn das Leben in den höheren Welten hat mit »Ruhe« nicht das geringste zu tun!

Lieber Herr Stratmann, es steht mir sicher nicht zu, Ihnen Ratschläge zu geben. Trotzdem kann ich mir eine Bemerkung nicht verkneifen.

Wie oft haben Sie und Ihre Amtskollegen in Predigten und Vorträgen den Gläubigen mit ewigen Höllenstrafen gedroht, falls sie sich nicht so verhalten, wie es von der Kirche vorgegeben wird!

Ich werde Ihnen nun nicht mit der Hölle, die es nach meiner festen Überzeugung – zumindest in der Form, wie Sie es lehren – gewiss nicht gibt, drohen. Allerdings erlaube ich mir, Sie auf etwas hinzuweisen:

Sollten Sie sich mit den dürftigen Lehren der Kirche über das nachtodliche Leben begnügen, statt sich zu bemühen, wahrhafte spirituelle Erkenntnisse zu gewinnen, müssen Sie schon mit gewissen Problemen nach *Ihrem* Tod rechnen. Ihnen wird vieles von dem, was Sie in der geistigen Welt wahrnehmen werden, völlig unverständlich bleiben. Das könnte dazu führen, dass sie lange Zeit ohne Orientierung und ohne jedwedes Verständnis herumirren.

Möglicherweise unterstelle ich Ihnen ja, dass Sie sich mit den kirchlichen Lehren und Dogmen begnügen. Vielleicht haben Sie sich längst selbst Erkenntnisse erworben, die Sie aber nicht öffentlich verbreiten dürfen, weil das gewiss unliebsame Konsequenzen für Sie nach sich ziehen dürfte.

Ich wünsche Ihnen alles Gute!

Ihr

Johann Tollmann

PS
Falls Sie möchten, können Sie mich ja gerne noch einmal besuchen, um sich mit mir über diese Themen auszutauschen. Aber bedenken Sie, dass mir nicht mehr viel Zeit bleibt...

Weitere Bücher von **Josef F. Justen**

Die spirituelle Seite
des Todes

Christus-Impuls, Reinkarnation,
Leben nach dem Tod und
Sinn des Lebens

Der Autor gibt in einer sachlichen und dennoch durchaus spannenden Weise Antworten auf viele spirituelle Fragen und beleuchtet geistige Hintergründe, welche die Seelen vieler Zeitgenossen bewegen. Neben einer eingehenden Behandlung der Reinkarnationsfrage beschreibt er insbesondere in großer Ausführlichkeit, was die Seele eines verstorbenen Menschen in den geistigen Welten erfährt und erlebt. Diese ungewöhnlich detaillierten Darstellungen orientieren sich in erster Linie an dem großen Wissensschatz der Anthroposophie.

Eine Seele erzählt
aus dem Jenseits

eine spirituelle Biografie

Die Hauptfigur des Romans, Johann Hanke, lebt bereits seit über 100 Jahren in der geistigen Welt, in der er schon sehr viele Erlebnisse hatte und viele Erfahrungen machen konnte.

Zunächst schildert er die großen Stationen und Ereignissen seines letzten Erdenlebens. Dann erzählt er, was er seitdem in den höheren, übersinnlichen Welten alles erleben durfte. Insbesondere wird dadurch deutlich, wie sich bestimmte Erlebnisse bzw. Verhaltensweisen seines Erdenlebens im nachtodlichen Leben widerspiegeln.

Der Seele, die sich einst als Johann Hanke inkarniert hatte, kann nun gewahr werden, dass diese Inkarnation nur eine Episode seiner ewigen Existenz darstellte. Sie kann nun auch die geistigen Hintergründe erkennen, die dem, was er in seinem letzten Leben erfahren hatte, ursächlich zugrunde lagen.

Geschichten über Gott, Engel und Menschen

tiefsinnige Kurzgeschichten

– Band 1 und 2 –

Die Geschichten, die in diesen Büchern erzählt werden, handeln von Gott, von Engeln und von Menschen, von ganz gewöhnlichen, von besonderen und von höchst außergewöhnlichen Menschen.

Alle Geschichten weisen unter der Oberfläche der Erzählung einen tiefen spirituellen Gehalt auf, der zum Nachdenken anregt und die Frage aufwirft:

»Was ist die Moral von der Geschichte?«

Sie sind für Groß und Klein (etwa ab 14 Jahre) gleichermaßen geeignet.

Spirituelle Begleitung an der Schwelle des Todes

Eine Hospizhelferin erzählt von ihren Sterbebegleitungen

Die Autorin hat über zwanzig Jahre im Rahmen ihrer Tätigkeit als ehrenamtliche Hospizhelferin viele Menschen, die an der Schwelle des Todes standen, begleiten dürfen.

In all diesen Jahren kam es zu vielen sehr angenehmen und fruchtbaren, zu bewegenden und berührenden, aber auch zu einigen beklemmenden und bedrückenden Begegnungen mit Menschen, die sich in einer schicksalsträchtigen Phase ihres Lebens befanden.

Alle Begleitungen, auch – oder vielleicht sogar gerade – die schwierigen, empfand sie als ein Geschenk und eine Bereicherung.

In diesem Buch schildert sie über ihre Erfahrungen aus *einigen* ihrer insgesamt mehr als sechzig Sterbebegleitungen, die sie – aus unterschiedlichen Gründen – besonders gefordert oder berührt haben.